SOMMAIRE

84815 - I - OSB 80 - P662U - P190U - PCA - CMU
Imprimerie CHIRAT - 42540 Saint-Just-la-Pendue
Dépôt légal : février 2023
Imprimé en France

FICHE 1 | CHOISIR LE CONTRAT DE TRAVAIL ADAPTÉ

Le type contrat de travail choisi reflète l'engagement de 2 parties dans un objectif de travail, c'est-à-dire celui de l'échange d'une prestation de travail contre une rémunération. Le contrat de travail peut être à durée indéterminée ou à durée déterminée et viser un besoin de main-d'œuvre permanent ou de ressources occasionnelles ou encore la formation du salarié.

Autrement dit, le choix du contrat de travail reflète la projection que fait l'entreprise sur ses collaborateurs de son activité future dans le cadre d'une gestion prévisionnelle maîtrisée.

Présenter le contrat à durée indéterminée (CDI)

C'est un contrat de droit commun, sans limitation de durée initialement prévue, auquel l'employeur et le salarié peuvent mettre fin par une démission, un licenciement, un départ à la retraite ou une rupture conventionnelle. Il fait l'objet d'une communication écrite selon la directive européenne et le bulletin de paie peut en tenir lieu dans certains cas.

Même si indéterminée ne signifie pas illimitée, le CDI est rassurant pour le salarié et témoigne d'une certaine manière de la confiance que l'entreprise met en lui.

Choisir entre le contrat à durée déterminée (CDD) et le travail temporaire

Le CDD est un contrat de travail dont la particularité réside dans sa rupture qui est prévue dès la signature avec une durée maximale qui dépend du motif. Les salariés en CDD bénéficient d'un salaire, fixé dans les conditions générales, auquel peut s'ajouter une indemnité de précarité d'emploi. Les principaux motifs prévus par la loi pour y recourir sont : le remplacement d'un salarié momentanément absent, le surcroît temporaire d'activité, le remplacement d'un salarié dont le départ précède la suppression définitive de son poste, le remplacement d'un salarié recruté en CDI dont l'entrée en fonction est différée, les activités saisonnières et les emplois d'usage.

Le recours au travail temporaire est encadré par la loi dans les mêmes conditions que le recours au CDD. Le choix entre CDD et travail temporaire se fait donc en fonction de leur coût respectif et de l'urgence du besoin. Pour le coût du CDD il convient d'inclure au salaire chargé le coût du travail d'embauche et de production du solde de tout compte.

Recourir au nouveau CDI de chantier ou d'opération

C'est un CDI qui vise la réalisation d'une mission correspondant à de véritables projets que mène l'entreprise. Pour y recourir, il faut nécessairement qu'un accord de branche l'ait prévu. La période d'essai est la même que celle d'un CDI normal et le contrat s'achève en même temps que son objet par une procédure de licenciement pour une cause réelle et sérieuse avec une indemnité de licenciement légale ou conventionnelle.

Le contrat de travail à temps partiel

Tout travail effectué dans une durée inférieure à la durée légale du travail ou la durée conventionnelle du travail plein temps applicable à l'entreprise est à temps partiel. La loi fixe une durée de travail hebdomadaire minimale de 24 heures mais un accord de branche peut y déroger. La durée du travail s'apprécie à la semaine, au mois ou à l'année.

Il convient de distinguer le temps partiel choisi par les salariés pour des raisons personnelles de celui qui est subi par ces derniers qui préféreraient travailler à temps complet.

Former les salariés par des contrats en alternance

Ces contrats, d'apprentissage et de professionnalisation, ont pour objet de former des salariés, souvent des jeunes, sans viser une production quantifiée. Ils alternent formation théorique et périodes de travail en entreprise.

> Le contrat d'apprentissage pour les jeunes de 16 à 30 ans et le contrat de professionnalisation en sont 2 exemples.

La DRH stratège recours à ce type de contrats à la fois pour permettre à des salariés de se former en théorie comme en pratique mais également de préparer une éventuelle intégration en CDI une fois formés. Ainsi, l'entreprise s'est fait financer la formation de ses salariés par le système de la formation alternée.

Recourir aux autres contrats aidés

Contrats aidés est un terme générique servant à désigner l'ensemble des contrats de travail, à durée déterminée ou indéterminée, dont la signature s'accompagne d'aides que l'État ou le Conseil Général verse à l'employeur pendant une durée variable et/ou d'exonérations de cotisations sociales patronales.

EXEMPLE

> On peut citer la nouvelle aide de 8 000 € pour l'embauche de demandeurs d'emploi de longue durée en contrats de professionnalisation entre le 1er novembre 2021 et le 31 décembre 2022. Il faut que le salarié soit âgé d'au moins 30 ans et qu'il soit inscrit comme demandeur d'emploi tenu d'accomplir des actes positifs de recherche d'emploi pendant au moins 12 mois, au cours des 15 derniers mois, et préparer un diplôme de niveau Bac+5, master ou ingénieur.

FICHE 2

APPLIQUER LE POUVOIR DISCIPLINAIRE DE L'EMPLOYEUR

Une sanction disciplinaire est une mesure, autre qu'une observation verbale, prise par l'employeur à la suite d'un agissement du salarié considéré comme fautif. Cette mesure, pouvant aller jusqu'au licenciement, peut affecter immédiatement ou non la présence du salarié dans l'entreprise, sa fonction, sa carrière ou sa rémunération.

Il n'existe pas de liste légale des sanctions mais lorsqu'il y a un règlement intérieur, celui-ci peut prévoir les règles générales, la nature et l'échelle des sanctions. Dans ce cas, les sanctions applicables sont uniquement celles qui sont prévues dans ce règlement.

Les sanctions suivantes sont classées de la plus faible à la plus forte : avertissement ou blâme, mise à pied, mutation, rétrogradation et licenciement pour faute simple, grave ou lourde. La simple observation verbale n'est pas considérée comme une sanction disciplinaire.

Connaître les limites de la sanction

Sont interdites les sanctions pécuniaires ou discriminatoires basées sur la religion, la race ou les mœurs d'un salarié. Il est interdit d'infliger une amende ou toute autre sanction pécuniaire au salarié ayant commis une faute. Une sanction disciplinaire doit être justifiée et proportionnée à la faute commise.

L'employeur ne peut ni sanctionner 2 fois la même faute, ni invoquer une sanction différente antérieure de plus de 3 ans pour justifier une nouvelle sanction.

Cerner le rôle de la DRH dans l'application du droit disciplinaire

C'est à la DRH qu'incombe la mise en œuvre de la procédure dans le respect des règles prévues par la loi. Elle doit assister le manager pour choisir avec lui la sanction la mieux adaptée à la faute. Cela nécessite une appréciation objective des faits, ce que ne peut pas toujours faire le manager en première ligne du conflit, étayée d'une connaissance précise de la jurisprudence en la matière. Le rôle de la DRH est donc d'arbitrer les conflits entre le salarié et son manager en assurant la conformité juridique de la procédure.

Appliquer la procédure légale

Un blâme et une observation verbale ne sont pas considérés comme une sanction et ne nécessitent pas l'application de la procédure. Quand sanction il y a, l'employeur convoque le salarié à un entretien par lettre recommandée ou remise en main propre dans un délai de 2 mois maximum à compter du jour où il a eu connaissance d'un fait fautif.

La lettre précise l'objet, la date, l'heure et le lieu de l'entretien, et le fait que le salarié peut se faire assister par une personne de son choix, appartenant à l'entreprise.

Lors de l'entretien, l'employeur indique les motifs de la sanction envisagée et recueille les explications du salarié.

Schéma de la procédure

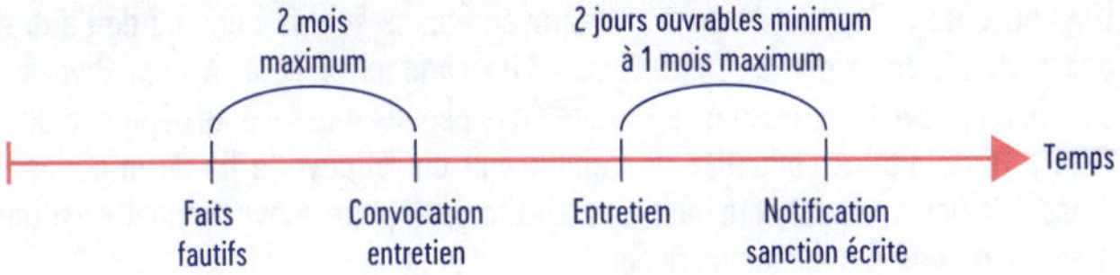

La sanction décidée par l'employeur est prononcée au plus tôt 2 jours ouvrables après l'entretien et au plus tard 1 mois après. Elle fait l'objet d'une décision écrite et motivée, adressée au salarié par lettre recommandée ou remise en main propre.

Si la sanction prononcée est le licenciement, sanction la plus élevée de la hiérarchie (*voir fiche 3*), l'employeur doit respecter la procédure propre au licenciement pour motif personnel

Lorsque le salarié s'estime injustement sanctionné, il peut saisir le conseil des prud'hommes qui apprécie la régularité de la procédure et la justification de la sanction qu'il peut même annuler.

Quelques exemples de motifs de sanctions reconnus valables par la jurisprudence

Motif de la sanction	Référence jurisprudentielle
Le salarié qui refuse sa rétrogradation peut entraîner l'application d'une autre sanction	Cass. soc. 7 juillet 2004 n° 02-44476, BC V n° 193
L'employeur peut sanctionner différemment des salariés ayant participé à un même acte fautif	Cass. soc. 1er février 1995 n° 91-44908, BC V n° 45
Une demande d'explications écrite faite au salarié suite à son refus d'obéissance est une sanction	Cass. soc. 30 janvier 2013 n° 11-23891, BC V n° 22
Le règlement intérieur doit fixer la durée maximale de la mise à pied disciplinaire, à défaut, la sanction est illicite donc nulle	Cass. soc. 3 février 2016 n° 14-22219

La sanction sur le bulletin de paie

Bien que la loi ne l'interdise pas, la mention de la mise à pied disciplinaire sur le bulletin de paie pourrait conduire à causer un préjudice moral au salarié. C'est le cas lorsque le planning de service affiché et consultable par tous les salariés suggère la mise à pied disciplinaire notifiée à l'un d'entre eux (Cour d'appel Caen – Ch. sociale 01 – 27 juin 2014 – n° 12/0320).

FICHE 3

ROMPRE LE CONTRAT DE TRAVAIL

L'initiative de la rupture du contrat de travail émane soit de l'une ou de l'autre des parties signataires du contrat, soit d'un commun accord. À l'initiative du salarié on trouve la démission, la rupture de la période d'essai et le départ volontaire à la retraite. À l'initiative de l'employeur on retrouve la fin de la période d'essai, le licenciement et la mise à la retraite. La rupture conventionnelle est un motif de rupture d'un commun accord.

Présenter les ruptures à l'initiative du salarié

Les ruptures du contrat de travail à l'initiative du salarié nous interrogent sur les raisons qui les ont motivées car elles peuvent refléter un défaut dans la politique RH et sa mise en œuvre, ou dans le management.

Fin de période d'essai à l'initiative du salarié

Le salarié peut rompre le contrat de travail sans justification au cours de la période d'essai définie par la loi ou la convention collective. Il doit respecter un délai de prévenance de 24 h ou 48 h selon que la durée de contrat déjà écoulée est inférieure à 8 jours ou qu'elle lui est supérieure ou égale.

L'analyse de ce motif de départ, s'il se répète, permet de déceler un dysfonctionnement dans le processus de recrutement.

Démission

Le salarié qui démissionne doit le faire de façon claire et non équivoque, par écrit est la méthode la plus sûre. Il doit respecter un préavis fixé par un accord collectif, les usages ou le contrat de travail si la durée est plus courte que celle de l'accord collectif.

Il est indispensable de clarifier la raison de la démission car elle peut refléter un malaise du salarié dans l'entreprise lié à la politique RH (rémunération ou carrière) ou lié au management déficient.

Départ volontaire à la retraite

Le salarié qui remplit la condition d'âge, 62 ans si né avant 1956 hors carrière longue, peut partir volontairement à la retraite en respectant un préavis. Il perçoit l'indemnité légale (10 ans d'ancienneté minimum) ou conventionnelle de départ à la retraite qui est totalement soumise aux cotisations et à l'impôt.

Présenter les ruptures à l'initiative de l'employeur

Fin de période d'essai à l'initiative de l'employeur

Moyennant le respect d'un délai de prévenance de 24 heures à 1 mois selon que la durée de contrat déjà écoulée est comprise entre au moins 8 jours et au plus 3 mois, l'employeur peut rompre le contrat de travail sans justification.

Mise à la retraite

L'employeur peut mettre à la retraite de manière autoritaire un salarié s'il a au moins 70 ans. Entre 67 et 70 ans il peut également le mettre à la retraite mais avec son accord cette fois-ci. Le salarié perçoit l'indemnité légale ou conventionnelle de départ à la retraite ou l'indemnité légale de licenciement si elle lui est supérieure, non soumise aux cotisations et à l'impôt.*

Licenciement pour motif personnel

L'employeur peut rompre le contrat d'un salarié en utilisant la procédure du licenciement pour motif personnel qui doit reposer sur une cause réelle et sérieuse de licenciement entraînant un préjudice réel pour l'employeur.

L'indemnité légale ou conventionnelle de licenciement qui est due est non soumise aux cotisations et à l'impôt.

Licenciement pour motif économique

Le licenciement économique est justifié pour suppression d'emploi, pour transformation du poste de travail ou lors du refus du salarié d'accepter la modification de son contrat de travail.

En cas de suppression d'emploi : l'obligation de reclassement des salariés concernés s'accompagne de celle visant à assurer leur adaptation au nouvel emploi, notamment par une formation adaptée.

On distingue le licenciement économique individuel et le licenciement économique de moins de 10 salariés sur 30 jours qui nécessitent tous deux la tenue d'un entretien préalable. Pour le licenciement d'au moins 10 salariés sur 30 jours, dans les entreprises d'au moins 50 salariés, le plan de sauvegarde de l'emploi PSE est obligatoire.

Mesures d'accompagnement d'un licenciement économique	
Entreprises de moins de 1 000 salariés	**Entreprise > ou = à 1 000 salariés**
Un contrat de sécurisation professionnelle (CSP) d'une durée de 12 mois doit être proposé	Un congé de reclassement d'une durée de 4 à 12 mois (jusqu'à 24 mois en cas de formation de reconversion) durant laquelle le contrat est maintenu doit être proposé
Le salarié qui accepte le CSP voit son contrat rompu et devient stagiaire de la formation professionnelle	Le congé de reclassement débute 8 jours après le licenciement et il est pris sur le préavis dont le salarié est dispensé
Il perçoit une allocation égale à 75 % de son salaire journalier de référence	Au-delà du préavis, le salarié perçoit 65 % de son salaire brut de référence des 12 mois

* Le dispositif de CSP qui devait prendre fin en 2022 devrait être prolongé jusqu'au 31 mars 2023.

Le licenciement économique ouvre droit à l'indemnité légale ou conventionnelle de licenciement non soumise et non imposable.

Présenter les ruptures d'un commun accord

La rupture conventionnelle individuelle

La rupture conventionnelle permet à l'employeur et au salarié de convenir en commun des conditions de la rupture du contrat de travail (CDI) qui les lie.

Elle obéit à une procédure spécifique : entretien(s) entre les deux parties, délai de réflexion, homologation de la convention par la DREETS et garantit au salarié le bénéfice de l'allocation d'assurance chômage.

Le salarié perçoit une « indemnité spécifique de rupture conventionnelle » dont le montant ne peut être inférieur au montant de l'indemnité légale de licenciement non soumis aux cotisations et à l'impôt, mais assujetti au forfait social à 20 %.

La rupture conventionnelle collective

Le commun accord s'entend ici entre l'employeur et les représentants des salariés puisque la rupture conventionnelle collective doit être prévue par un accord collectif validé par la DREETS. L'accord prévoit les conditions à remplir par les salariés et notamment le nombre des départs envisagés. L'indemnité de rupture, au moins égale à l'indemnité légale de licenciement économique, n'est pas assujettie au forfait social à 20 %.

Les chiffres de l'actualité sociale

Les ruptures conventionnelles de nouveau en hausse après la crise sanitaire

En 2021, 454 000 ruptures conventionnelles individuelles sont homologuées dans le secteur privé en France métropolitaine. Elles repartent à la hausse après une baisse due à la crise sanitaire en 2020 (+ 6,1 % après – 3,6 %) et dépassent de 2,3 % leur niveau de 2019. Ce rebond se manifeste dans toutes les régions et dans la plupart des secteurs d'activité, excepté l'information-communication et les activités financières et d'assurance qui diminuent respectivement de – 4,5 % et – 0,4 % par rapport à 2020. Par ailleurs, les ruptures conventionnelles augmentent pour toutes les tranches d'âges. Si elles ralentissent chez les cadres (+ 1,6 % après + 2,3 % en 2020 et + 10 % en 2019), elles repartent fortement à la hausse dans les autres catégories socioprofessionnelles où elles s'étaient repliées en 2020.

Dares, « Résultats – Ruptures conventionnelles en 2021 », analyse parue en août 2022.

NÉGOCIER UN ACCORD D'ENTREPRISE

FICHE 4

Un accord d'entreprise est négocié et signé par la direction de l'entreprise et par les syndicats représentant les salariés, premiers partenaires signataires mais pas les seuls. Les entreprises dotées d'au moins une section syndicale avec un délégué syndical (au moins 50 salariés) sont tenues de négocier tous les ans et tous les 4 ans sur certains thèmes déterminés. Mais un accord peut fixer une autre périodicité.

À défaut d'accord et de manière supplétive, chaque année sont organisées à l'initiative de l'employeur des négociations obligatoires (NAO) portant sur 3 thèmes principaux :

1. la rémunération, le temps de travail, l'emploi et le partage de la valeur ajoutée ;
2. l'égalité professionnelle et la qualité de vie au travail ;
3. tous les 3 ans, la gestion prévisionnelle des emplois et des compétences et la mixité des métiers (pour les entreprises d'au moins 300 salariés).

Déterminer le périmètre de la négociation d'un accord d'entreprise

Les accords d'entreprise peuvent être signés sur tous les thèmes liés au statut du salarié mais ils doivent *a minima* s'aligner sur les accords de branche pour au moins ces 6 thèmes : les classifications, le financement de la formation professionnelle, les salaires minima conventionnels, la prévoyance complémentaire, les modalités du CDD et du contrat de mission et du temps partiel.

Préparer la négociation

L'accord d'entreprise est supposé être à concessions réciproques c'est pourquoi la DRH doit préparer sa négociation afin de s'assurer de l'équilibre entre le coût et les bénéfices des mesures négociées dans l'accord.

EXEMPLE

Négociation sur les salaires pour l'année à venir N+1

Hypothèse 1 : augmentation générale des salaires de 1 % au 1er janvier de l'année N+1

Résultats hypothèse1 : Effet masse N+1 = 1 % et Effet de report sur N+2 = 0

Hypothèse 2 : augmentation générale des salaires de 0,7 % au 1er janvier et de 0,5 % au 1er juillet de l'année N+1

Résultats hypothèse 2 : Effet masse N+1 = 0,952 % et Effet de report sur N+2 = 0,25 %

On mesure ainsi le coût sur la masse salariale de N+1 et l'impact sur celle de N+2.

Il convient également de s'assurer que le SIRH est capable de gérer les termes de la négociation en cours et le mieux pour cela est d'associer le responsable paie à la négociation.

Valider la négociation par un accord majoritaire

Pour que la négociation sur la durée du travail, les repos et les congés aboutisse valablement, il faut que l'accord soit majoritaire, c'est-à-dire signé avec un syndicat ayant obtenu plus de 50 % des suffrages au premier tour des dernières élections professionnelles.

Tous les accords signés doivent désormais être majoritaires. En l'absence de majorité, les syndicats signataires ont 1 mois pour demander une consultation des salariés pour valider l'accord.

Les entreprises d'au moins 50 salariés n'ayant pas de délégué syndical peuvent néanmoins signer un accord avec des élus du CSE mandatés par un syndicat pour ce faire. Cet accord devra être approuvé par les salariés à la majorité des suffrages.

Négocier un accord collectif dans les TPE

Dans les entreprises dépourvues de délégué syndical et dont l'effectif habituel est inférieur à 11 salariés, l'employeur peut désormais proposer un projet d'accord soumis à un référendum aux salariés.

La consultation des salariés est organisée à l'issue d'un délai minimum de 15 jours courant à compter de la communication à chaque salarié du projet d'accord. Pour être considéré comme valide, ce projet d'accord doit être ratifié à la majorité des 2/3 du personnel.

Les entreprises de moins de 11 salariés dépourvues de CSE et de DS peuvent se doter d'un dispositif d'intéressement par décision unilatérale de l'employeur (durée de 1 à 3 ans).

Déposer l'accord d'entreprise

Les accords doivent être déposés auprès de la DREETS et au greffe du Conseil de prud'hommes du lieu où l'accord a été conclu avec une copie du PV du 1er tour des élections professionnelles. L'accord entre en vigueur le lendemain de son dépôt.

Les chiffres de l'actualité sociale

Forte mobilisation sociale pendant la crise sanitaire

En 2020, pour faire face à la crise, 92 % des entreprises de 10 salariés ou plus du secteur privé non agricole ont pris des mesures de prévention sanitaire et 78 % des mesures relatives à l'activité partielle. Le télétravail et l'aménagement des horaires de travail ont été adoptés par respectivement 56 % et 54 % des entreprises. Ces mesures ont suscité des tensions et des conflits entre la direction et des salariés dans seulement 4 % des entreprises, aux dires de ces dernières.

Dares, « Les relations sociales durant la crise sanitaire », Focus n° 34, juillet 2022.

ANIMER LES INSTANCES REPRÉSENTATIVES DU PERSONNEL (IRP)

FICHE 5

L'environnement économique et social est en mouvement constant nécessitant des relations sociales harmonieuses et un dialogue efficace avec les instances représentatives du personnel (IRP).

La baisse des syndicats traditionnels, opposés aux propositions d'organisations des syndicats patronaux, a permis la progression des syndicats réformistes aux élections professionnelles. Il n'en reste pas moins vrai que la baisse du nombre global d'adhérents syndiqués est massive puisque ce nombre a été divisé par 4 en 50 ans.

Bien que les relations avec les IRP fassent l'objet d'une réglementation précise dont la DRH est garante, elles font néanmoins partie intégrante de la responsabilité des managers. Ces derniers peuvent non seulement prévenir et régler certains conflits, mais surtout travailler, avec leurs partenaires sociaux, à la bonne marche de l'entreprise et à l'épanouissement humain et professionnel de son personnel.

Définir les missions respectives des instances

Les IRP assurent la représentation, l'expression collective et la défense des droits des salariés dans le cadre général de l'entreprise. Elles présentent également les réclamations des salariés à l'employeur.

Les instances représentatives du personnel sont constituées de salariés nommés par leur syndicat, il s'agit des délégués et des représentants syndicaux et de salariés élus au Comité social et économique (CSE) lors des élections professionnelles.

Les délégués syndicaux (DS) agissent au nom des organisations syndicales qu'ils représentent et sont habilités à signer les accords. On trouve des DS dans les entreprises d'au moins 50 salariés.

Les membres du Comité social économique (CSE) sont élus tous les 4 ans par les salariés sur liste syndicale ou en candidat libre. Le CSE regroupe tous les anciens représentants élus du personnel de l'entreprise et fusionne les délégués du personnel, le comité d'entreprise et le comité d'hygiène, de sécurité et des conditions de travail (CHSCT). Dans les entreprises qui emploient entre 11 et 49 salariés, le CSE exerce les mêmes pouvoirs que les anciens délégués du personnel c'est-à-dire qu'il présente à l'employeur les réclamations individuelles ou collectives sur les salaires et l'application du Code du travail. Le CSE est en place dans toutes les entreprises d'au moins 11 salariés depuis le 1er janvier 2020.

L'élection des membres du CSE

Les entreprises de + de 11 salariés organisent tous les **4 ans** l'élection des membres du CSE à scrutin de liste à 2 tours avec représentation proportionnelle à la plus forte moyenne. Le 1er tour est réservé aux syndicats.

Sont électeurs les salariés âgés d'au moins 16 ans révolus, travaillant depuis 3 mois au moins dans l'entreprise ; sont éligibles les salariés âgés de 18 ans, travaillant dans l'entreprise depuis 1 an au moins.

L'employeur informe les salariés et invite les syndicats à négocier un accord préélectoral.

Identifier les moyens d'action des représentants du personnel

Plusieurs moyens sont prévus par le législateur pour permettre l'action des IRP.

- Une information sociale permanente grâce à la base des données économiques et sociales (BDES).
- Un nombre d'heures de délégation pour exercer leur mandat pouvant aller de 10 à 34 heures par représentant selon son mandat.
- Un budget de fonctionnement égal à 0,20 % de la masse salariale.
- Des réunions institutionnelles avec l'employeur dont le temps n'est pas décompté des heures de délégation allouées. Le CSE se réunit normalement chaque mois (fonction de l'effectif de l'entreprise), voire plus s'il y a une urgence.
- Une formation obligatoire en santé, sécurité et conditions de travail (SSCT). Un nombre de jours de formation en augmentation pour tous les élus du CSE : 5 jours minima lors du 1er mandat et 3 jours lors du renouvellement (5 jours pour les entreprises de 300 salariés et +). La charge de cette formation revient à l'employeur mais peut être prise en charge par les OPCO dans les entreprises de moins de 50 salariés.
- La mise à disposition de locaux.
- La protection contre le licenciement : en plus de la procédure de licenciement habituelle, le licenciement d'un IRP est soumis à l'autorisation de l'inspecteur du travail. Cette protection s'applique pendant une certaine durée, dès la demande d'organisation des élections, puis pendant le mandat et à l'issue du mandat.

Comprendre les enjeux d'une bonne relation avec les IRP

Les relations avec les représentants du personnel, constituées de réunions informations et consultations obligatoires, sont bien entendu des obligations légales qu'il faut respecter. Elles constituent un moyen complémentaire d'écoute des salariés de l'entreprise. Ces relations, parfois conflictuelles avec des manifestations fortes comme le débrayage ou la grève, restent un mode de résolution des conflits.

Il est préférable sur ce dernier point d'instaurer une communication ascendante et descendante avec les collaborateurs : les réunions de droit d'expression des salariés, toujours en vigueur, peuvent en être une base moyennant quelques adaptations.

ENGAGER LA RESPONSABILITÉ SOCIALE ET ENVIRONNEMENTALE DE L'ENTREPRISE (RSE) | 6

La responsabilité sociétale de l'entreprise reflète la façon dont elle intègre les préoccupations sociales, environnementales et économiques dans ses activités et dans ses interactions avec ses partenaires. Autrement dit, la façon dont elle contribue aux enjeux du développement durable.

Définir le rôle de la DRH dans la mise en œuvre du volet humain de la RSE

La DRH joue un rôle important dans la RSE en promouvant le respect des droits humains, l'amélioration des conditions de travail, la diversité des effectifs et la gestion des singularités, la gestion du capital humain et des organisations apprenantes, la responsabilisation des collaborateurs et la solidarité responsable ainsi que l'équité de traitement.

Le respect des droits humains

L'entreprise socialement responsable s'engage à respecter les droits humains de ses salariés, de ses sous-traitants, de ses fournisseurs comme ceux de ses clients et ce, d'autant plus que certains fournisseurs et sous-traitants sont implantés dans des pays émergents, notamment vis-à-vis de l'interdiction du travail des enfants.

L'amélioration des relations et des conditions de travail

Le stress au travail est devenu une charge pour l'entreprise, c'est pourquoi la démarche RSE cherche à innover en la matière et va plus loin que la réglementation pour favoriser des relations de travail apaisées. Une écoute active des salariés est requise pour maintenir le dialogue et la concertation avec eux.

L'emploi des personnes handicapées

Les entreprises occupant 20 salariés et plus sont tenues d'embaucher au moins 6 % de travailleurs handicapés, faute de quoi elles versent une contribution financière à l'Association de gestion du fonds pour l'insertion des personnes handicapées (AGEFIPH). Négocier des plans de recrutement et d'accueil des personnes handicapées plutôt que de payer la contribution est une démarche sociétale d'intégration.

L'égalité de traitement et la non-discrimination des personnes

Elle se manifeste tout d'abord par l'interdiction de toute forme de discrimination, y compris à l'embauche. Puis par l'instauration d'une politique de rémunération égalitaire qui donne aux salariés une juste rémunération avec des dispositifs de redistribution équitables entre les actionnaires, les investisseurs et les salariés. Enfin, une égalité des chances et de promotion de la diversité dans le cadre de la gestion des carrières et de la promotion des ressources humaines.

La diversité des effectifs et la gestion des différences

La DRH peut promouvoir un mix entre les modalités de la diversité dans sa gestion des effectifs : gestion du handicap ou des origines ethniques et culturelles. Les principaux points sur lesquels portent les particularités sont la féminisation, plus importante à un niveau plus élevé de la hiérarchie, et l'origine culturelle ou qui résulte de la démographie française.

La formation de tous les acteurs en relation avec la DRH

Former les collaborateurs de l'entreprise bien sûr est une priorité mais former ses sous-traitants, voire des populations voisines des sites d'implantation, est également perçue comme un critère de la RSE inclus dans le marketing social de l'entreprise.

Pour le DRH, qui traditionnellement ne s'occupe que du personnel sous contrat de travail, cette perspective ouvre un champ d'intervention nouveau.

Normaliser la RSE au niveau international

Seule la norme internationale ISO 26 000 sur la responsabilité sociétale des entreprises donne des lignes directrices aux entreprises pour contribuer à la bonne santé et au bien-être de la société de manière éthique et transparente. Mise à part cette norme, qui ne fait l'objet d'aucune certification, il n'existe ni directive ni loi pour encadrer cet axe de la politique des RH.

Relier la RSE à la performance de l'entreprise

Une étude récente commandée par l'Organisation des Nations unies (ONU) à l'agence BMJ Ratings met en valeur une corrélation positive entre la performance financière et certaines notations sociétales concernant plus particulièrement les salariés, les clients ou la société civile (études de Berman *et al.* (1999) et de Hillman et Keim (2001)).

Encore trop d'entreprises françaises traitent de manière superficielle la question de la RSE parce que l'importance des enjeux n'est pas encore explicite pour elles et que le retour sur investissement se mesure dans un futur trop lointain. Même sans conviction, ce qui serait dommage, il est dans l'intérêt de l'entreprise d'être socialement responsable et reconnue comme telle car, en plus d'une augmentation directe de ses résultats, ce sera bientôt une exigence des clients, des investisseurs autant que des salariés. Une opportunité à saisir par la DRH bien positionnée pour gérer les aspects RH de la RSE et repenser ses missions dans cette optique.

Le lien entre la pratique de GRH issue de cet axe stratégique et l'accroissement de la performance de l'entreprise n'est pas immédiat, c'est la raison pour laquelle on le trouve plutôt dans les DRH des grandes organisations où la RSE est intégrée à la stratégie de l'entreprise.

L'actualité juridique

La loi Pacte (Plan d'action pour la croissance et la transformation des entreprises) marque une avancée dans la RSE dans l'entreprise en plaçant le potentiel humain au même niveau que le capital financier. Elle fixe à la société des objectifs sociaux et environnementaux conformes à sa raison d'être afin qu'elle soit gérée en prenant en considération les enjeux sociaux et environnementaux de son activité.

De plus, le nouveau dispositif d'épargne salariale fait converger tous les dispositifs d'épargne retraite (art. 83 et PERCO) vers un plan d'épargne retraite d'entreprise (PERE) collectif ou obligatoire.

FICHE 7

RECRUTER LES MEILLEURS CANDIDATS

Recruter, c'est intégrer dans l'entreprise les ressources humaines qui répondent à ses besoins d'aujourd'hui et de demain. C'est en ce sens un acte premier de la gestion prévisionnelle des emplois et des compétences.

On distingue le recrutement interne, réalisé parmi les salariés eux-mêmes, mais également les stagiaires et les intérimaires en cours de mission, du recrutement externe qui se fait par intégration d'une personne étrangère à l'entreprise. Quel qu'il soit, le recrutement nécessite les 7 étapes ci-après à sa réussite.

Identifier les besoins actuels ou à venir

Cette étape, indispensable lors de la création d'un poste, présente aussi un intérêt lors du remplacement du titulaire d'un poste car elle permet de s'assurer du besoin et de sa pertinence à long terme afin d'en ajuster les missions aux évolutions de l'entreprise.

Définir le poste et le profil

Le poste

- Identification du poste : intitulé, rattachement, position hiérarchique et statut.
- Missions du poste : raison d'être, missions et objectifs.
- Résultats attendus.
- Relations : situer le poste dans l'organigramme de l'entreprise.
- Dimensions : moyens mis à la disposition du poste [effectifs et budgets].
- Activités : liste des activités ou tâches exprimées avec des verbes d'action.

Le profil

- Compétences requises : connaissances, compétences et aptitudes.
- Conditions d'emploi : type de contrat et contraintes du poste [horaires, déplacements].

Rédiger et diffuser l'offre d'emploi

La loi interdit les critères discriminatoires dans toute offre d'emploi comme le sexe, l'orientation ou l'identité sexuelle, l'âge, la situation de famille, les mœurs, l'état de grossesse, etc.

Internet et les réseaux sociaux offrent de nombreuses possibilités de diffuser l'offre d'emploi et de recueillir les candidatures en direct sur le site de l'entreprise. Les informations saisies servent à la présélection et à la gestion administrative de la candidature.

Sélectionner les dossiers pertinents

Le choix des candidats qui feront l'objet d'un entretien doit se faire objectivement, à partir des critères présents dans la définition de poste. La lettre de motivation est un élément complémentaire qui permet de vérifier la motivation du candidat et sa manière de s'exprimer par écrit. Les tests techniques et psychotechniques sont enfin un moyen de confirmer ou pas un choix déjà bien engagé.

Élaborer une grille d'entretien, canevas de ce qu'il convient d'approfondir lors de l'entretien, est indispensable pour mener cet entretien.

Mener l'entretien de recrutement

Il convient de mettre le candidat à l'aise pour favoriser son expression. Lui poser des questions ouvertes pour vérifier que ses compétences techniques ainsi que son savoir être sont adaptés aux situations qu'il devra affronter dans le poste à pourvoir.

Les points à respecter dans le déroulé de l'entretien sont les suivants.

- Accueillir le candidat.
- Vérifier ses compétences en lien avec celles requises par le poste.
- Vérifier ses motivations pour le poste et pour l'entreprise.
- Décoder ses comportements et attitudes pour apprécier son savoir être.
- Objectiver les impressions par une grille d'évaluation des critères.

Objectiver le choix du meilleur candidat : grille d'évaluation

Classer les compétences, savoir et savoir être, dans l'ordre des priorités du poste et leur affecter une note pondérée.

Exemple de grille de notation pondérée pour un poste de drh

Chaque critère est noté sur 5.

Candidat : Monsieur JACQUES			
Critères (compétences)	**Pondération**	**Note /5**	**Note maxi**
Maîtrise du droit social et du travail	3		15
Maîtrise de la gestion des compétences et l'évolution des E et des C	4		20
Organisation du travail et relations avec les équipes	3		15
Maintien d'un bon climat social	2		10
Dynamisme et polyvalence	3		15
Diplomatie et écoute	3		15
Rigueur et sens de l'organisation	2		10
TOTAL			**100**

Intégrer le nouvel embauché

Cette étape, qui fait encore partie du processus, détermine la réussite du recrutement. Elle comprend la réalisation d'un guide d'accueil et d'intégration, définit la procédure d'accueil et les rôles et missions des acteurs au moins jusqu'à la fin de la période d'essai.

Les chiffres de l'actualité sociale

Tensions sur le marché de l'emploi

En 2019, parmi les nombreux « métiers en tension », les difficultés à pourvoir les postes vacants étaient dues 1 fois sur 2 à un problème d'attractivité lié aux conditions de travail. Les secteurs de l'industrie et de la construction ont été les plus touchés, ainsi que les établissements de plus de 50 salariés. Pour expliquer ces difficultés, les employeurs ont en premier lieu évoqué la pénurie de personnes qualifiées pour le poste, puis les salaires insuffisamment attractifs et enfin les conditions de travail jugées difficiles. Sans surprise, les secteurs les plus concernés par cette dernière réponse étaient les industries agricoles et alimentaires, les hôtels cafés-restaurants (HCR), les transports ainsi que la santé et l'action sociale privées (où le manque d'attractivité salariale est également cité).

Dares, « Quelles sont les conditions de travail qui contribuent le plus aux difficultés de recrutement dans le secteur privé ? », Analyses n° 26, juin 2022.

FORMER POUR DÉVELOPPER LES COMPÉTENCES DES COLLABORATEURS

FICHE 8

L'employeur assure l'adaptation des salariés à leur poste de travail. Il veille au maintien de leurs capacités à occuper un emploi, au regard notamment de l'évolution des emplois, des technologies et des organisations, c'est ce que prévoit la loi. Il s'agit donc bien d'une obligation de l'entreprise.

Préciser les différents modes d'accès à la formation du salarié

L'accès des salariés à des actions de formation professionnelle continue est assuré :

- à l'initiative de l'employeur, le cas échéant, dans le cadre d'un plan de développement des compétences ;
- à l'initiative du salarié notamment par la mobilisation du compte personnel de formation (CPF) dans le cadre d'un projet de transition professionnelle pour suivre une action de formation certifiante ou qualifiante longue (ex CIF). Le CPF est alimenté en euros à hauteur de 500 €/an au prorata temporis ;
- dans le cadre du dispositif « Pro-A » (ex-période de professionnalisation) pour permettre au salarié de changer de métier ou de bénéficier d'une promotion sociale ou professionnelle par des actions de formation.

Élaborer le « plan de développement des compétences »

Même si le plan n'oblige plus la distinction entre les actions d'adaptation à l'emploi, les actions liées à l'évolution de l'emploi ou au maintien dans l'emploi et les actions liées au développement des compétences, il reste néanmoins intéressant de conserver dans le plan une structuration de ce type.

Le plan de développement des compétences permet de définir les objectifs de formation selon les 3 modalités suivantes :

- à partir des exigences de fonctionnement de l'entreprise formulées du point de vue de la direction générale. Concrètement, ce sont les objectifs que s'est donnés l'entreprise qui vont aboutir à la création de certaines tâches et de certains postes, à la suppression d'autres et à la définition *in fine* des compétences requises pour mener à bien ces tâches ;
- à partir des attentes des individus et des groupes, ce qui nécessite une expression organisée des salariés eux-mêmes et de leurs responsables hiérarchiques directs afin qu'ils expriment ce qu'ils veulent voir changer sur le terrain à l'issue de la formation ;
- à partir des intérêts des groupes sociaux dans les situations de travail, tels que les organisations représentatives des salariés.

Exprimer les attentes individuelles de la formation

Cette étape du processus est souvent la plus négligée alors qu'à partir du niveau du formé mesuré avant la formation on peut évaluer facilement son niveau après la formation et juger de son efficacité.

Mettre en œuvre le plan de développement des compétences

C'est choisir le mode de dispense de la formation. Soit en formule interentreprises, si la formation concerne peu de personnes ou revêt un caractère personnel, soit en formule *intra* si de nombreux salariés sont concernés et que l'adaptation au contexte de l'entreprise est requise, soit enfin en e-learning pour certaines thématiques techniques qui s'y prêtent. La mise en œuvre du plan requiert parfois des prouesses pour respecter le budget alloué et représente également une grosse charge administrative pour les inscriptions aux sessions, la gestion des convocations et des salles, l'organisation des déplacements, sans compter une judicieuse programmation des départs en formation afin de ne pas perturber le fonctionnement de l'entreprise.

Des études sur le lien entre les pratiques de la GRH et les performances de l'entreprise ont mis en valeur à 100 % un lien positif entre pratiques de formation et performance de l'entreprise.

		Lien positif	Lien négatif	Absence de lien
Pratiques GRH	Rémunération	80	11	9
	Formation	**100**	**0**	**0**
	Autres pratiques			
	Total	54	32	14

Synthèse en % des liens entre les pratiques de la GRH et les performances de l'entreprise réalisée par Allouche, Charpentier et Guillot-Soulez.

Évaluer les résultats de la formation

C'est mesurer l'écart entre les objectifs de départ assignés à la formation et les résultats obtenus. L'évaluation se fait en deux temps, à chaud tout d'abord puis à froid un peu plus tard.

L'évaluation à chaud, bien qu'indispensable, ne permet que de vérifier que le contenu de la formation a été dispensé en totalité et dans de bonnes conditions pédagogiques. Seule l'évaluation à froid permet d'apprécier les résultats opérationnels attendus de la formation.

L'évaluation à froid a lieu plusieurs mois (2 à 6 en moyenne) après la formation et permet de vérifier si les nouvelles compétences acquises ont eu un effet sur l'efficacité du salarié formé et de son équipe, et sur l'évolution de l'organisation. Cette évaluation se fait via des questionnaires destinés aux salariés formés et à leurs managers dans lesquels on tente d'objectiver les résultats constatés.

Consulter annuellement le Comité social et économique (CSE) des entreprises ≥ 50 salariés

La consultation annuelle du CSE sur la politique sociale de l'entreprise, les conditions de travail et l'emploi, inclut les questions relatives à la formation. À cette occasion, l'employeur présente les thèmes prioritaires de la formation pour l'année à venir en cohérence avec la stratégie de l'entreprise, le résultat des négociations triennales de la branche, les informations sur les modalités d'accès à la formation des salariés et les conclusions éventuelles des services de contrôle. Il fait de plus le bilan des actions de formation de l'année antérieure. Ces informations préalables à la consultation du CSE sont intégrées dans la banque des données économiques et sociales.

Enfin, un entretien « état des lieux » est destiné à vérifier si le salarié a bénéficié sur les 6 dernières années des entretiens professionnels obligatoires et à retracer certains éléments de son parcours professionnel.

Gérer le budget annuel consacré à la formation professionnelle

L'employeur finance directement les actions de formation à destination de ses salariés afin d'assumer ses obligations légales (art. L.6321-1).

Depuis 2023, les employeurs versent les contributions de la formation à l'Urssaf. Il s'agit :

- de la contribution légale de la formation professionnelle (**0,55 %** de la masse salariale brute pour les entreprises de moins de 11 salariés et **1 %** pour celles de 11 salariés et plus), du 1 % CPF-CDD et de la part principale de la taxe d'apprentissage qui sont déclarés et versés mensuellement le 5 ou le 15 du mois suivant (sauf TEP) ;
- du solde de la taxe d'apprentissage de 0,09 % dû pour 2022 (à déclarer en DSN et à payer le 5 ou le 15 mai 2023)
- de la contribution supplémentaire d'apprentissage (CSA) due pour 2022 (à déclarer en DSN et à payer le 5 ou le 15 avril 2023) pour les employeurs de 250 salariés et + et qui n'ont pas le quota d'alternants.

Les chiffres de l'actualité sociale

Les dépenses de formation augmentent avec la taille de l'entreprise

En 2018, à la veille de l'entrée en vigueur de la loi pour la liberté de choisir son avenir professionnel, les dépenses de formation des entreprises privées (hors agriculture) de 10 salariés ou plus représentent 3 % de leur masse salariale. Les dépenses de formation des entreprises augmentent avec leur taille, essentiellement du fait des dépenses directes, de 2 % de la masse salariale pour les entreprises de 10 à 49 salariés à 4 % pour celles de 2 000 salariés ou plus.

Dares, « Les dépenses de formation des entreprises en 2018 », analyse parue en août 2022.

FICHE 9 | ÉVALUER LES COMPÉTENCES ET LES PERFORMANCES DES COLLABORATEURS

L'évaluation d'un salarié est un dispositif d'entretien facultatif qui a pour objet d'apprécier ses compétences et ses performances professionnelles. Il permet notamment de faire le point sur la réalisation des objectifs et de fixer les objectifs à venir ; c'est le cas dans le management par objectifs.

À ne pas confondre avec l'entretien professionnel consacré aux perspectives d'évolution professionnelle du salarié en termes de qualification et d'emploi que la loi prévoit tous les 2 ans, ni avec l'entretien « état des lieux ».

Connaître le contexte légal de l'évaluation

L'entretien d'évaluation est autorisé par la loi mais il doit faire l'objet d'une consultation du CSE préalablement à sa mise en œuvre. Le salarié ne peut pas refuser d'être évalué par son employeur s'il a préalablement été informé des méthodes et techniques d'évaluation professionnelle utilisées dans l'entreprise. Elles doivent pour cela être objectives et transparentes.

Des données personnelles peuvent être collectées dans le cadre de l'évaluation du salarié si le dispositif a été porté préalablement à sa connaissance. Si les données personnelles collectées sont enregistrées dans un fichier informatique, elles sont protégées dans le cadre du règlement général sur la protection des données (RGPD).

Les résultats obtenus sont confidentiels : seul le salarié concerné peut en avoir connaissance.

Objectiver l'évaluation par des indicateurs mesurés

Deux types d'indicateurs permettent d'objectiver l'évaluation : les indicateurs de résultat qui mesurent la manière dont les objectifs ont été atteints et les indicateurs de moyens qui mesurent les aides dont a disposé le salarié dans le cadre de son travail.

Ces indicateurs doivent être suffisamment concrets pour témoigner de l'activité réelle d'un salarié dans son contexte professionnel. En effet, deux salariés ayant les mêmes compétences à un même poste peuvent avoir des résultats différents selon l'environnement respectif de leur poste.

Même si ces indicateurs peuvent être personnalisés d'un secteur de l'entreprise à un autre, ils requièrent néanmoins une nécessaire harmonisation par la DRH.

Exemple d'indicateurs pour une entreprise commerciale

Indicateurs de résultats	Indicateurs de moyens
CA réalisé et marge dégagée % du CA	Temps moyen passé par client
Nombre de nouveaux clients	% de mails entrants suite aux e-mailings
Nombre de clients fidélisés	Part des frais de représentation rapportée au CA
% de produits stratégiques placés sur l'ensemble des produits vendus	Part des frais de clientèle rapportée au CA

Présenter les 3 fonctions de l'entretien annuel

1. Une fonction de dialogue entre le salarié et son manager qui se côtoient mais ne se connaissent peut-être pas aussi bien qu'il parait. L'entretien en face-à-face est un moyen d'expression orale qui offre plus de possibilités que la communication écrite : liberté d'expression, communication verbale et non verbale, présences physiques des interlocuteurs, importance du non-dit, etc. Elle permet enfin de négocier les objectifs à réaliser pour l'exercice à venir.
2. Une fonction de résolution de problèmes : en prenant le temps de les exposer en dehors du cadre de travail habituel. On y traite de l'organisation du travail, des outils et des moyens mis à disposition pour atteindre les objectifs assignés.
3. Une fonction de développement des RH en décelant les potentialités du collaborateur, ses souhaits d'évolution, ses besoins de formation. Le manager expose ce qu'il attend de son collaborateur pour le futur en lui définissant des objectifs et en lui attribuant les moyens correspondants. La définition de besoins en formation est un point important qui permet le choix de la formation adaptée et la fixation des résultats attendus de la formation. C'est sur cette base que manager et salarié pourront évaluer à froid la formation suivie. Cette fonction est importante dans la mesure où elle rejoint le processus de la gestion des compétences et plus globalement celui de la gestion prévisionnelle des emplois et des compétences.

Organiser un cadre favorable à l'expression du collaborateur évalué

L'entretien libre ou semi-directif, de rigueur, se passe généralement dans le bureau du manager mais un lieu plus neutre serait mieux adapté à un dialogue libéré. 45 minutes est la durée minimum pour que l'entretien permette l'écoute mutuelle, l'expression des points de vue et la négociation des objectifs. Une formation des managers à la conduite de cet entretien est nécessaire pour leur apporter le soutien qu'ils attendent dans ce délicat volet de leur fonction.

Conduire un entretien non directif et un entretien semi directif

L'entretien non directif laisse beaucoup de liberté au salarié pour s'exprimer. Le manager indique un thème général et n'intervient que pour relancer la conversation et encourager le salarié à développer sa pensée. Pour cela, favoriser les questions ouvertes et neutres qui permettent au salarié de s'exprimer librement de préférence aux questions fermées ou orientées qui laissent peu de place à la construction d'un argumentaire.

EXEMPLE

Il vaut mieux une question ouverte et neutre comme : *Comment s'est passée votre année de travail ?* À une question fermée orientée comme : *Votre année a été difficile, n'est-ce pas ?*

FICHE 10

GÉRER PRÉVENTIVEMENT LES EMPLOIS ET LES COMPÉTENCES (GPEC)

La GPEC consiste en un ensemble de méthodes visant la concordance entre les évolutions des capacités individuelles des salariés et les évolutions de métier et des emplois. Autrement dit, la GPEC mesure les écarts entre les compétences et emplois actuels et ceux dont l'entreprise aura besoin demain, et met les outils RH pour les combler.

Son succès repose sur la fiabilité de la prise en compte des éléments présents et des prévisions. La GPEC est ainsi la mise en œuvre cohérente d'une volonté de l'entreprise d'anticiper l'évolution des emplois et des compétences grâce à des plans d'action de prévention par la formation et la mobilité.

Présenter le cadre juridique de la GPEC

La loi prévoit que dans les entreprises d'au moins 300 salariés, l'employeur engage tous les 3 ans une négociation sur la gestion des emplois et des parcours professionnels et sur la mixité des métiers portant notamment sur la mise en place d'un dispositif de gestion prévisionnelle des emplois et des compétences.

La GPEC permet de prévenir d'éventuelles sanctions lors d'un licenciement économique à venir quand un accord de GPEC est signé. L'accord donne alors lieu à un plan d'action et à un suivi de sa mise en place.

C'est la stratégie de l'entreprise qui impacte la stratégie des RH et a de ce fait des conséquences sur les emplois, les postes, tant en nombre (de combien de collaborateurs l'entreprise aura besoin dans un contexte de production adapté au secteur d'activité) qu'en compétences requises.

Appliquer la GPEC en 5 étapes

1. Cartographier les emplois actuels

Cela consiste, après description des postes, à regrouper ceux nécessitant des savoir-faire voisins en emplois-type pour faciliter la création de filières. Cette cartographie permet de décrire les postes et les emplois actuels tant en nombre qu'en compétences nécessaires pour les occuper.

2. Prendre en compte l'impact de la stratégie de l'entreprise sur l'organisation à venir

La démarche GPEC prend tout son sens quand elle s'inspire de la stratégie de l'entreprise qui initie une modification de l'organisation et transforme les postes et les emplois. Cette stratégie repose sur les ambitions de l'entreprise, tenant compte des évolutions externes, juridiques ou technologiques, prévues.

3. Évaluer les facteurs d'évolution des emplois

La démarche GPEC évalue les conséquences de la stratégie de l'entreprise intégrant les facteurs externes d'évolution juridique, technologique, sociologique, etc., qui vont modifier la structure des emplois et des postes et par là même les compétences nécessaires pour les occuper.

La généralisation du numérique dans tous les secteurs de l'entreprise modifie sensiblement la teneur des postes et les compétences requises pour les tenir en conséquence.

Exemples des conséquences sur l'emploi d'un facteur externe d'évolution

Facteur-clé d'évolution	Conséquences	
	Sur l'organisation	Sur les emplois
Développement du e-commerce	Fermeture de certains magasins, succursales et agences	Suppression des postes de *front office*
	Ouverture d'un entrepôt central et gestion des expéditions	Création de postes de logistique

4. Prendre en compte les besoins humains en nombre et en compétences

Évaluer quantitativement et qualitativement les conséquences sur les emplois et les postes actuels qu'auront ces facteurs d'évolution. Certains postes sont menacés de suppression, d'autres sont à créer et d'autres encore devront évoluer. Il s'agit là de réaliser un diagnostic des écarts entre la situation actuelle et la situation future pour en tirer un plan d'action.

5. Mettre en œuvre un plan d'action préventif

- Mettre en œuvre le plan de formation.
- Dispenser les formations permettant aux salariés d'acquérir les compétences nouvelles.
- Activer la mobilité interne.
- Recruter les personnes destinées à occuper les nouveaux postes à créer dont les compétences sont absentes en internes ou difficiles à transmettre.
- Proposer la mobilité géographique quand le plan d'action le permet.
- Supprimer les postes qui n'ont plus de place dans l'organisation future et licencier en dernier ressort les salariés qui n'ont pu trouver de place dans le plan d'action préventif.

Le triptyque des compétences liées à un poste

Liste des tâches du poste gestionnaire paie	Compétences requises par la tâche	Formation pour atteindre la compétence
Enregistrer le nouvel embauché dans le SIRH	Connaissance des écrans de saisie d'un nouvel embauché dans le SIRH	Formation 1 du module RH (réf. 112 du catalogue)

FICHE 11

ÉLABORER UNE POLITIQUE DE RÉMUNÉRATION INCITATIVE

Définir une politique de rémunération équilibrée

Une politique de rémunération équilibrée repose sur 3 points : l'équité de traitement entre tous les salariés, l'équité externe avec les entreprises de même activité et la maîtrise des évolutions de la masse salariale qu'elle engendre.

La politique de rémunération est stratégique : elle permet d'attirer les talents, de les motiver à produire et à innover, et les incite à la fidélité.

Rémunérer pour assurer les besoins primaires et secondaires des salariés

Si les salariés travaillent d'abord pour assurer des revenus leur permettant un niveau de vie décent, ils attendent également de leur travail reconnaissance et réalisation de soi, comme l'a décrit Maslow dans sa théorie des besoins. C'est pourquoi la politique de rémunération tient une place prépondérante puisqu'elle symbolise la valorisation des ressources humaines.

S'orienter vers une individualisation de la rémunération

Après une rémunération longtemps basée sur l'ancienneté, on constate un engagement plus fort des entreprises françaises vers l'individualisation des rémunérations qui fait une place plus importante à la part variable dans la rémunération totale.

La vocation du salaire de base étant de suivre, peu ou prou, l'évolution de l'inflation pour maintenir le pouvoir d'achat.

Distinguer la rémunération directe de la rémunération indirecte

La rémunération directe, en nature et en espèces, comprend le salaire de base, les primes fixes mensuelles ou annuelles et la part variable de la rémunération. Sauf exceptions, tout est soumis aux cotisations sociales et à l'impôt. Alors que la rémunération indirecte, à destination des régimes de prévoyance, de l'épargne salariale et des retraites supplémentaires, est le plus souvent exonérée. Elle est donc un atout dans une politique de rémunération même si elle est moins attractive pour les salariés les plus jeunes et les bas salaires en quête de cash immédiat.

EXEMPLE

Une rémunération annuelle de 80 000 € représente :

- une **rémunération directe** de salaire fixe = 50 000 €
  + part variable = 30 000 €

OU

- une **rémunération directe** de salaire fixe = 50 000 €
  + **rémunération indirecte** de retraite supplémentaire = 30 000 €

Dans les 2 cas, les 30 000 € ne subiront pas la même fiscalité.

Rémunérer les compétences et la performance

Certains systèmes de rémunération sont basés sur les compétences détenues par les salariés, c'est-à-dire une liste de savoir et savoir-faire utiles pour le poste tenu, quand d'autres systèmes de rémunération s'en tiennent aux résultats mesurés par rapport aux objectifs fixés, on parle alors de rémunération des performances.

La rémunération des ou par les compétences

La rémunération des compétences est fonction des compétences détenues et requises par les salariés à leur poste de travail. Elle se rapproche des conceptions tayloriennes de l'organisation du travail qui associent une série de compétences requises pour un poste à un niveau de rémunération.

La rémunération par les compétences vise toutes les compétences détenues par le salarié, même celles qui ne sont pas requises par son poste actuel, mais pourraient l'être pour un poste futur.

La rémunération des performances

Elle repose sur la rémunération des résultats mesurés obtenus par le salarié dans le cadre des objectifs qui lui ont été fixés. Elle prend la forme d'une prime de résultat, d'une prime d'objectif, d'un bonus ou d'une commission selon le cas et participe à la maîtrise de la masse salariale en n'engageant que l'exercice sur lequel elle est versée.

Faire évoluer les rémunérations en 2023

Dans le contexte d'incertitude économique et d'inflation croissante, les négociations salariales qui ont lieu dans de nombreuses branches en tension devraient proposer des hausses de salaire comprises entre 4 % et 5 % en-deçà de l'inflation (5,5 % selon la Banque de France). Les augmentations individuelles seront toujours privilégiées sur les hausses collectives.

La fonction « *Compensation & Benefits* »

Le terme «*Compensation & Benefits* », aujourd'hui entré dans le jargon des RH, désigne les avantages complémentaires autres que le salaire en espèces qui composent la rémunération globale. Les avantages en nature, l'attribution d'actions gratuites, les stock-options ainsi que le financement patronal des régimes facultatifs de retraite supplémentaire et de prévoyance en font partie.

Les chiffres de l'actualité sociale

En 2022, une progression des salaires en retard sur l'inflation

L'indice du salaire horaire de base des ouvriers et des employés (SHBOE) progresse de 1,3 % au cours du 2e trimestre 2022 dans les entreprises de 10 salariés ou plus du secteur privé hors agriculture, particuliers employeurs et activités extraterritoriales. Il croît de 1,3 % dans le tertiaire, de 1,2 % dans l'industrie et de 0,9 % dans la construction. Sur un an, le SHBOE augmente de 3,5 % fin juin 2022 après + 2,5 % fin mars 2022. Alors que l'inflation progressait de 5,8 % dans ce même temps.

Dares, « Évolution des salaires de base au 2e trimestre 2022 », analyse parue en septembre 2022.

GÉRER LES CARRIÈRES ET LA MOBILITÉ

FICHE 12

La gestion des carrières est une stratégique combinaison de la gestion de l'emploi, du recrutement et du développement des compétences des collaborateurs. Elle prend en compte les finalités économiques de l'entreprise et les attentes d'évolution des collaborateurs. L'accompagnement des seniors entre à juste titre dans son périmètre.

Son rôle est de prévoir et de coordonner l'évolution de la situation de chaque salarié avec ou sans changement de qualification et de rémunération.

Présenter les acteurs de la gestion des carrières

La gestion des carrières fait interagir plusieurs acteurs et catégories de salariés :

- **les représentants de la direction**, la direction générale comme la DRH qui définissent la stratégie de l'entreprise et pilotent la gestion des carrières ;
- **les managers** qui animent et participent à la gestion des carrières comme premiers relais opérationnels de la direction pour faire remonter les souhaits et les potentialités de leurs collaborateurs ;
- **l'ensemble des salariés** qui participent au processus en manifestant spontanément leur souhait d'orienter leur évolution de carrière.

Construire une politique de gestion des carrières dans la durée

Une politique de gestion des carrières se construit différemment selon la taille de l'entreprise, le profil de ses collaborateurs et le secteur d'activité dans laquelle elle évolue.

Quand elle n'est pas programmée dans les statuts, comme c'est le cas pour les agents de la fonction publique ou ceux de certains statuts spéciaux, la gestion des carrières nécessite une harmonisation dans la durée des besoins de l'organisation avec les souhaits et les capacités de ses salariés.

- **La planification des besoins** en emplois à pourvoir est réalisée à différents niveaux hiérarchiques de l'organisation à partir soit d'un plan de départs programmés, départs en retraite par exemple, soit de l'ouverture de nouveaux postes à créer, sans oublier les opportunités offertes par la rotation du personnel.
- **Les souhaits des collaborateurs** s'expriment le plus souvent lors d'entretiens avec leur manager. On distingue l'entretien professionnel, obligatoire pour les salariés ayant au moins 2 ans d'ancienneté et tous les 2 ans pour bilan d'étape professionnelle (BEP) optionnel. L'objectif ici est de réaliser un diagnostic des capacités professionnelles et des compétences du salarié et de déterminer des objectifs de formation en vue d'une possible évolution de carrière.

Le recours aux différents types d'entretiens [évaluation, bilan d'étape] permet d'identifier les écarts entre la situation actuelle et la situation cible pour mettre en place les actions préventives nécessaires [transfert de compétences, plan de succession, mobilité, formations collectives, modification de certains périmètres de responsabilités...] pour assurer la pérennité de l'entreprise et la pertinence de son organisation.

La gestion des carrières renforce l'adéquation entre les besoins de l'organisation et ses ressources. Elle permet d'évaluer les compétences du salarié au regard des compétences requises pour tenir le poste actuellement occupé et surtout celui qui est visé. Les éventuelles carences identifiées peuvent être compensées par des formations adaptées ou des mesures d'accompagnement renforcé sur le poste.

Gérer la mobilité verticale et horizontale

Lorsque la gestion de la mobilité est effective, elle permet aux salariés d'envisager de nouvelles fonctions en interne et à l'entreprise de puiser dans son propre vivier de compétences et de savoir-faire. C'est une source de recrutement interne.

On distingue la mobilité verticale, qui s'accompagne de promotion et augmentation de salaire, de la mobilité horizontale qui permet un changement de qualification sans modification du niveau du poste.

Une gestion de la mobilité réussie fidélise les salariés et favorise leur employabilité.

VALORISER LES PRINCIPAUX RATIOS DU CONTRÔLE DE GESTION RH

FICHE 13

Depuis le bilan social qui a imposé aux entreprises et établissements de plus de 300 salariés de suivre une liste d'indicateurs RH imposés, les entreprises ont sans cesse développé leurs propres ratios.

Indicateurs et ratios RH sont les unités d'œuvre du contrôle de gestion RH dont les principales missions peuvent se résumer en 3 points.

1. **Recueillir**, **analyser** et **synthétiser** les indicateurs pertinents de la gestion des RH tels que la masse salariale, les effectifs, le turn-over, l'absentéisme, le recrutement ou le climat social.
2. **Contrôler** la cohérence et la fiabilité des données RH comparées à des référentiels.
3. **Alerter** la DRH sur des anomalies ou d'éventuelles dérives par rapport aux objectifs qu'elle s'est fixés et proposer des plans d'action.

Le contrôleur de gestion RH qui se situe hiérarchiquement en appoint du DRH s'assure de la progression nominative vers les objectifs fixés dans tous les domaines de la GRH.

Recueillir et analyser les données

À l'aide d'études RH qualitatives : il s'agit de collecter et d'analyser des informations riches et complexes exprimées lors d'entretiens en face-à-face ou en groupe. Les principales thématiques RH sont liées au développement RH, au degré d'attachement des salariés à l'entreprise, au climat social...

Les études RH quantitatives expriment quant à elles des données exclusivement chiffrées et prennent souvent la forme de ratios dont les principales thématiques RH portent sur la consolidation des données sociales, les études de rémunération ou la mesure de l'absentéisme...

Les tableaux de bord RH offrent un suivi régulier, le plus souvent mensuel, d'un certain nombre d'indicateurs sensibles choisis en fonction des objectifs poursuivis.

Les ratios apportent une information enrichie par la mise en rapport de deux informations RH qui prises isolément ont parfois peu d'intérêt. Ils témoignent de la pertinence de la politique RH et de la qualité du climat social dans l'entreprise.

EXEMPLE

En rapportant l'effectif permanent à l'effectif au 31 décembre, les 2 premiers indicateurs du bilan social, on obtient un ratio qui montre la flexibilité des effectifs.

Dans la mesure où l'effectif permanent est constitué des seuls salariés en CDI, à temps plein et présents durant toute l'année, on comprend que plus ce ratio tend vers 1 moins il y a de flexibilité.

Les indicateurs prennent en compte le secteur d'activité de l'entreprise et les caractéristiques des salariés car il ne serait pas pertinent de comparer le turn-over d'une entreprise bancaire avec celui d'une entreprise de restauration.

Contrôler la cohérence des données à l'aide des référentiels

Le référentiel interne qui compare l'information RH actuelle à ce qu'elle était à différents moments de son passé permet de mesurer une amélioration ou une dégradation de l'indicateur. Autrement dit, la pertinence de l'analyse d'un indicateur RH dépend de l'évolution de sa valeur dans le temps.

Le référentiel externe permet une comparaison avec plusieurs niveaux d'extériorité : les autres unités de l'entreprise, le secteur d'activité ou le niveau national.

L'analyse conjointe de l'évolution d'un indicateur dans le temps comparée aux valeurs moyennes de la branche d'activité et du national permet de poser un diagnostic fiable.

EXEMPLE

Évolution du taux d'absentéisme d'une entreprise sur 3 ans : 6,2 pour N-2, 6,9 pour N-1 et 7,4 pour N alors que la moyenne de branche pour l'année N est de 4,1 et la moyenne nationale de 5,9.

Diagnostic : situation plus que préoccupante de l'absentéisme qui augmente fortement sur 3 ans alors que le secteur est à un niveau inférieur à la moyenne nationale. Objectif fixé à 6,5 pour l'année à venir N+1 avec un plan d'action adapté.

Alerter la DRH sur des anomalies et proposer des plans d'action

- Alerter sur l'augmentation de l'absentéisme ou la dégradation du climat social en mettant en place des indicateurs spécifiques.
- Proposer des plans d'action en vue d'améliorer la gestion des ressources humaines.

EXEMPLE

Coordonner le plan de développement des compétences en lien avec l'organigramme de remplacement pour faciliter la promotion interne

- Mesurer et anticiper les coûts financiers de la gestion et de la politique RH de l'entreprise.

EXEMPLE

Valoriser le coût du passage au numérique de la fonction RH et celui de l'entreprise dans sa globalité en évaluant la transformation des emplois, ses conséquences sur le plan de développement des compétences et les variations de la masse salariale que cela va engendrer.

IDENTIFIER LES COÛTS CACHÉS DE LA GESTION DES RH

FICHE 14

Distinguer les coûts cachés des coûts visibles

Les coûts visibles apparaissent clairement dans la comptabilité générale et encore mieux dans la comptabilité analytique qui les valorisent et les imputent aux entités de l'organisation alors que les coûts cachés ne sont pas repérés par les systèmes d'information classiques dont dispose l'entreprise ; ils ne sont ni quantifiés, ni surveillés.

Un coût caché est la conséquence économique d'un dysfonctionnement. Il traduit monétairement les perturbations subies par l'entreprise et les mécanismes de régulations qu'elle met en place plus ou moins consciemment pour les combattre.

Caractériser les 2 types de coûts cachés

Les coûts cachés sont soit incorporés à des coûts visibles, c'est souvent le cas des surcoûts, soit complètement invisibles dans le système de gestion, on parle alors de manques à gagner ou de non-création de valeur.

1. Les coûts cachés incorporés aux coûts visibles

Il s'agit de coûts inclus dans des coûts identifiés sans qu'il soit possible de les isoler. On les regroupe sous le vocable de *Surcharges* parmi lesquels on trouve les coûts suivants.

- Les **Sursalaires** qui traduisent l'utilisation inappropriée d'un temps professionnel. La rémunération versée en contrepartie d'heures supplémentaires par exemple pour pallier l'absence d'un membre du personnel ou le glissement anormal de fonction d'un salarié de niveau N vers un autre de niveau N–1. Les Sursalaires sont évalués par l'écart de taux horaire entre 2 salariés et reflètent le manque de formation et/ou le manque de délégation.
- Les **Surtemps** sont des temps passés à la régulation d'un dysfonctionnement technique, relationnel ou organisationnel. Le coût supplémentaire créé par l'arrivée d'un nouveau collaborateur peu expérimenté qu'il faut former en est un bon exemple.
- Les **Surconsommations** correspondent à des quantités de produits consommés en plus pour réguler un dysfonctionnement.

2. Les coûts cachés non incorporés aux coûts visibles

Il s'agit de coûts totalement invisibles liés à une *non-production* ou à une création de valeur ratée parmi lesquels on trouve les coûts suivants.

- La **non-production**, c'est-à-dire une perte de production ou d'activité engendrée par un dysfonctionnement. L'absence non remplacée d'un collaborateur à son poste entraîne la perte d'un client potentiel qui s'adresse à une entreprise concurrente.
- La **non-création de potentiel stratégique** correspond à une performance latente retardée en raison d'un dysfonctionnement. C'est par exemple la conséquence d'une mauvaise gestion du temps d'un manager qui ne peut se consacrer à ses missions de développement.

Présenter les dysfonctionnements à l'origine des coûts cachés de la GRH

Les coûts cachés trouvent leur origine dans des dysfonctionnements liés à l'organisation du travail, aux conditions de travail, à la communication et la concertation, à la gestion du temps et à la formation professionnelle. Tous en lien avec les pratiques de la GRH mais pas que.

Ces dysfonctionnements se manifestent par des indicateurs bien connus de la DRH comme l'absentéisme, les accidents du travail ou la rotation du personnel.

Évaluer les coûts cachés

1. Évaluer le coût de l'absentéisme

Un taux d'absentéisme de 1 % coûte de 0,5 % à 1 % de masse salariale selon le taux de remplacement des absents. Dans ce coût on retrouve la part du risque professionnel mesuré une fois dans la masse salariale et une autre fois dans la cotisation accident du travail. À ce coût visible s'ajoute le coût non mesuré des difficultés à respecter le programme de production en cas d'absence d'un membre de personnel et ses conséquences sur la baisse de productivité, la moindre qualité et la perte éventuelle de clients.

2. Évaluer le coût des rotations du personnel

La rotation du personnel coûte directement à l'entreprise dans le processus de recrutement du remplaçant mais génère également un coût caché, bien plus important que le coût du recrutement, dû aux temps non mesurés passés à l'intégration et à la formation du nouvel embauché dont la productivité est de ce fait plus faible.

AUDITER LES DIFFÉRENTS DOMAINES DES RH

FICHE 15

L'audit est un processus méthodique, indépendant et documenté, utilisé par des auditeurs externes ou internes pour délivrer à une organisation un diagnostic sur le degré de maîtrise de ses opérations ainsi que des conseils pour les améliorer.

S'il est rare d'auditer la fonction RH dans sa globalité, il est en revanche très fréquent d'auditer chacun des domaines qui la composent parmi lesquels on trouve par fréquence décroissante : la paie, l'administration du personnel et la formation professionnelle.

Commanditer un audit RH

On trouve deux principales raisons qui président le déclenchement d'un audit.

- Lors de la prise de poste de DRH par le DRH lui-même, il est fréquent de réaliser un audit pour constater un état des lieux qui permet d'engager rapidement les actions qui s'imposent.
- Lors de la multiplication d'indicateurs négatifs comme les questions des IRP récurrentes sur un des domaines de la GRH, des lettres de relance des organismes de recouvrement ou de l'Administration du travail et de remontées directes des fournisseurs ou des clients de la DRH. Dans ce cas, le commanditaire de l'audit est soit le DRH soit la direction générale.

Choisir entre auditeur interne et auditeur externe

L'auditeur interne est souvent orienté dans ses investigations sur les aspects financiers de la fonction RH. En priorité la gestion de la paie, le paiement des charges sociales et la maîtrise de la masse salariale conformément au budget. Il peut mener ses investigations avec un objectif préalable de la direction générale ou avec des idées préconçues sur l'organisation et ses managers. Il veille également à la mise en œuvre des préconisations qu'il a formulées. L'auditeur externe jouit d'une plus grande latitude dans ses champs d'investigation. En revanche, il est rarement associé à la mise en œuvre de ses préconisations.

Présenter les 3 types d'audit

Pour chaque domaine de RH concerné, l'audit vérifie soit que son fonctionnement est conforme aux normes édictées, soit que son management est efficace ou encore que ses objectifs sont alignés sur la stratégie de l'entreprise. On trouve ainsi 3 types d'audit.

1. L'audit de conformité

L'audit de conformité consiste à s'assurer que les données sociales sont fiables, correctement calculées, transmises dans les délais et que la DRH respecte les lois du travail et du fisc ainsi que les lois sur la sécurité du travail. Mais l'audit social de conformité consiste également à vérifier le respect des procédures et directives internes à l'entreprise : convention collective et accords internes.

2. L'audit d'efficacité ou audit organisationnel

L'audit d'efficacité consiste à étudier les pratiques d'un domaine de la gestion des ressources humaines, en analyser les résultats et proposer des pistes d'amélioration. Les résultats constatés dans le domaine sont-ils conformes aux objectifs qui y étaient assignés si non pourquoi ? Ces résultats ont-ils été obtenus dans les délais impartis et au moindre coût ?

Il rejoint souvent l'étude d'opportunité d'une externalisation du domaine.

3. L'audit stratégique

L'audit stratégique mesure l'adéquation entre la stratégie de l'entreprise et les objectifs des ressources humaines. Il s'effectue souvent préalablement à un changement de situation dans le domaine social de l'entreprise comme des restructurations, réorganisation du travail ou l'acquisition de filiales.

Expliquer les 4 phases de l'audit

1. La phase de recueil de l'information.
2. La phase d'analyse de l'information.
3. La phase de constat des anomalies et de diagnostic.
4. La phase de préconisations.

Phases	Résultats attendus	Outils utilisés
Recueil de l'information	Sélection et mise à disposition des informations nécessaires à l'audit	Entretiens, analyse documentaire de rapports, bilans et projets
Analyse de l'information	Expression des informations par CSP, sexe, situation de famille, ancienneté et âge, etc., sous forme de moyenne, médiane, écart-type et autres ratios	Analyse statistique, analyse de contenus, création de ratios
Diagnostic	Mise en évidence des non-conformités, anomalies et dysfonctionnements avec estimation des risques encourus ou coûts inutiles	Comparaison avec des normes et des référentiels
Préconisations	Chaque préconisation est accompagnée des avantages et des inconvénients de la proposition avec son coût, son délai de mise en œuvre, les précautions préalables à prendre	Rapport final

PILOTER LA PERFORMANCE RH

FICHE 16

Piloter la performance des ressources humaines, c'est mesurer l'impact de l'investissement humain sur les résultats globaux de l'entreprise. Piloter la performance RH consiste donc à harmoniser les pratiques de la GRH avec la stratégie de l'entreprise et d'en mesurer les effets produits. Choisir un cap ne servirait à rien si on n'est pas en mesure de s'assurer qu'on le tient pour mener, le cas échéant, les actions correctrices pour le retrouver. Piloter nécessite de disposer des outils de mesure permettant à tout moment de vérifier l'efficacité des pratiques de la GRH dans la perspective d'une meilleure performance de l'entreprise.

Identifier les pratiques de la GRH qui influencent la performance de l'entreprise

Les pratiques de la GRH, selon qu'elles sont « administratives » ou « stratégiques », permettent d'influencer différemment la performance de l'entreprise, c'est leur but. Les pratiques administratives répondent aux obligations légales et favorisent la performance à court terme par une augmentation de la productivité ou/et de la qualité. Les pratiques stratégiques, elles, visent une performance à plus long terme risquant parfois de générer un surcoût à court terme.

EXEMPLE

Lors d'un recrutement, le fait de choisir le candidat dont les compétences sont les plus proches des exigences du poste à pourvoir, va réduire la durée de la phase d'intégration et améliorer la performance de l'entreprise. Alors que le fait de recruter un candidat à fort potentiel va certes permettre une évolution de carrière rentable pour l'entreprise mais va coûter le temps d'intégration au poste.

Pratiques administratives	Pratiques stratégiques
Recruter en fonction du besoin actuel	Attirer les talents à fort potentiel
Rémunérer la performance	Fidéliser les talents
Professionnaliser les RH pour plus de productivité	Anticiper les métiers de demain et les compétences requises
Maîtriser les coûts	Partager et transmettre les connaissances
Négocier les bons accords « gagnant-gagnant »	Anticiper les évolutions de carrière des salariés à potentiel
Motiver les RH au quotidien	Apprendre de l'extérieur et se *benchmarker*
Produire la paie et les déclarations obligatoires	Conduire le changement

Développer les outils de mesure de la performance RH

Le tableau de bord de la performance RH est un bon outil de mesure, encore faut-il qu'il soit élaboré selon une méthodologie rigoureuse. Son principe d'élaboration repose sur 3 niveaux d'indicateurs.

1. Le premier niveau est composé d'indicateurs originels issus des politiques RH qui mesurent la façon dont les pratiques de la GRH sont mises en œuvre : indicateurs sur les domaines de la formation, du recrutement ou de la rémunération.
2. Le deuxième niveau comporte les indicateurs conséquentiels qui mesurent l'influence de ces pratiques de la GRH sur les comportements des ressources humaines. L'évolution du turnover et de l'absentéisme par exemple reflète le degré de bien-être et de motivation des ressources humaines. Ces indicateurs valident la pertinence des politiques RH qui sont menées. Cependant, leur mesure dégradée ne remet pas en cause que la politique RH, le management et la stratégie d'entreprise ont une part à prendre.
3. Les indicateurs de troisième niveau mesurent les résultats économiques et financiers de l'entreprise, parmi lesquels on trouve le chiffre d'affaires, la marge nette, la productivité, la mesure de la qualité, etc. Lorsqu'on mouvemente positivement les indicateurs originels de la politique RH, on est en droit d'en voir les premières conséquences sur les indicateurs comportementaux pour ensuite mesurer une progression de la productivité, de la qualité et par voie de conséquence les résultats financiers.

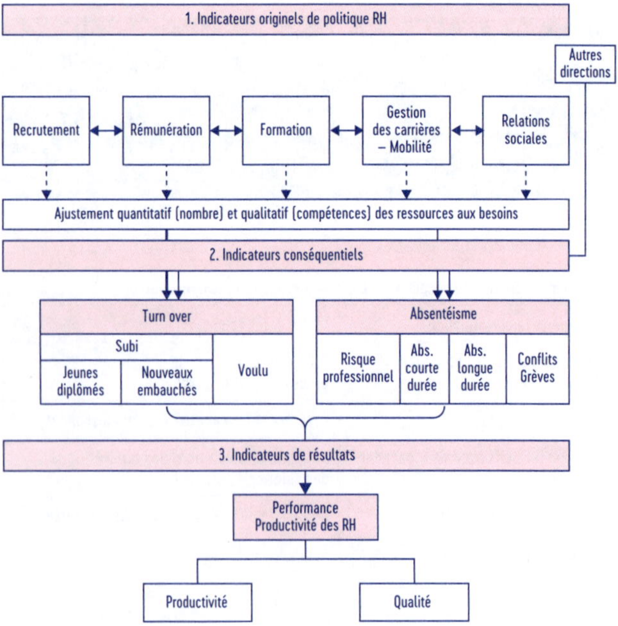

L'évolution positive des indicateurs de premier niveau a des conséquences sur les indicateurs de deuxième niveau et, avec un décalage temporel, sur les indicateurs de troisième niveau, ceux qui mesurent la performance de l'entreprise. On dit alors qu'il y a une corrélation entre les pratiques de la GRH et l'accroissement de la performance de l'entreprise. Toutefois une corrélation n'est pas une démonstration de causalité, ce qui signifie qu'on n'est jamais sûr que les pratiques de la GRH mises en œuvre expliquent à elles seules l'amélioration de la performance de l'entreprise. Il y a fort à parier que les autres fonctions de l'entreprise ont elles aussi œuvré à ces résultats. De la même façon, les pratiques de la GRH peuvent être positives mais ne pas entraîner une amélioration de la performance de l'entreprise à cause de mauvais choix sur les politiques des produits ou des prix.

Le tableau de bord permet la mesure de la politique RH et crédibilise les pratiques de la GRH. Aujourd'hui, on est plus enclin à rattacher l'augmentation du CA et de la marge aux efforts des commerciaux ou de la production qu'à des pratiques innovantes de la GRH.

FICHE 17

ADMINISTRER LE PERSONNEL AU QUOTIDIEN

Administrer le personnel c'est répondre aux obligations de l'Administration du travail en produisant les déclarations et en procédant aux affichages obligatoires.

Présenter l'Administration du travail au sein de la DREETS

La Direction régionale de l'économie, de l'emploi, du travail et des solidarités est un service régional organisé en 3 pôles : le pôle travail, avec pour l'essentiel l'inspection du travail, le pôle 3 E (Entreprise, Emploi et Économie) et le pôle consommation. Elle est destinatrice de nombreuses demandes d'autorisation et de déclarations comme le bilan social.

Établir l'index d'égalité professionnelle entre les femmes et les hommes

Les entreprises d'au moins 10 salariés publient leur index d'égalité professionnelle chaque année au 1er mars.

L'index, sur 100 points, se calcule à partir de 4 à 5 indicateurs. S'il est inférieur à 75 points, l'entreprise doit prendre des mesures correctrices.

Élaborer le bilan social

C'est une déclaration annuelle obligatoire pour les entreprises et les établissements distincts de plus de 300 salariés, à transmettre à l'inspection du travail avant le 30 juin de l'année qui suit l'année du bilan social. Elle comporte les 7 familles d'indicateurs sociaux.

1. L'emploi.
2. Les rémunérations et charges accessoires.
3. Les conditions d'hygiène et de sécurité.
4. Les autres conditions de travail.
5. La formation.
6. Les relations professionnelles.
7. Les autres conditions de vie relevant de l'entreprise.

Chaque famille comporte des sous-familles au sein desquelles se trouvent les indicateurs du bilan social qui sont le plus souvent renseignés sur 3 ans par catégories.

Connaître les affichages obligatoires

L'employeur doit communiquer aux salariés un certain nombre d'informations relatives à leurs droits. L'entreprise est également tenue de mettre à la disposition des représentants du personnel, les syndicats notamment, des panneaux destinés à leur propre affichage.

Sur la longue liste des affichages obligatoires, certains sont communs à toutes les entreprises alors que d'autres, plus spécifiques, dépendent de l'activité de l'entreprise. Le tableau ci-après récapitule les affichages obligatoires à toutes les entreprises.

Les affichages obligatoires à toutes les entreprises

Objet	Contenu de l'affichage
Amiante	Décision d'inscription d'un établissement au bénéfice de la préretraite « amiante »
Accords collectifs liant l'entreprise	Liste des accords applicables dans l'entreprise et l'endroit où les salariés peuvent les consulter
Départs en congés payés	L'ordre des départs en congés payés doit être fixé ainsi que les dates de prise des congés payés
Égalité professionnelle entre les femmes et les hommes	Affichage des articles du Code du travail : L. 2242-3 et R. 3221-2. De plus, dans les établissements occupant du personnel féminin, les articles L. 3221-1 à L. 3221-7.
Horaires collectifs de travail et repos hebdomadaires	Heures de début et de fin du travail
Inspection du travail	Nom et adresse de l'inspecteur du travail
Interdiction de fumer	Signalisation apparente rappelant l'interdiction de fumer
Médecin du travail et secours d'urgence	Nom, adresse et numéro de téléphone
Service d'accueil téléphonique de prévention et de lutte contre les discriminations	Ancienne HALDE désormais intégrée au Défenseur des droits (DDD) Tel : 09 69 39 00 00 Tel : 08 1 000 5000
Dispositions relatives à la lutte contre le harcèlement professionnel	Dispositions du Code pénal relatives au harcèlement moral et au harcèlement sexuel.

Réaliser la déclaration préalable à l'embauche DPAE auprès de l'Urssaf

C'est une formalité destinée à l'Urssaf, obligatoirement réalisée par l'employeur sur *net.-entreprises.fr* lors de l'embauche d'un salarié. La DPAE regroupe plusieurs déclarations dont l'immatriculation du salarié au régime général de Sécurité sociale.

Déclarer l'obligation d'emploi des travailleurs handicapés à l'AGEFIPH

L'employeur doit faire sa déclaration annuelle avant le 1er mars de chaque année lorsque l'entreprise compte au moins 20 salariés afin de vérifier qu'il emploie au moins 6 pour 100 de personnes bénéficiaires de l'obligation d'emploi des travailleurs handicapés (OETH). À compter de 2021 (effectifs déclarés en 2020) cette déclaration se fait via la DSN.

Parmi les catégories de bénéficiaires, définies par la loi, on trouve entre autres les travailleurs handicapés reconnus par les commissions des droits et de l'autonomie des personnes handicapées (CDAPH), les victimes d'accident du travail ou de maladie professionnelle ayant entraîné une incapacité permanente d'au moins 10 %, les titulaires d'une rente et les titulaires d'une pension d'invalidité.

À défaut d'emploi du nombre de bénéficiaires requis, l'employeur s'acquitte d'une contribution financière à l'AGEFIPH dont le montant, pouvant aller de 400 à 600 fois le SMIC horaire par bénéficiaire manquant, est une contribution majorée pour les entreprises passives.

PAYER LES SALARIÉS | FICHE 18

Présenter le bulletin de paie

Le bulletin de paie n'a pas de forme imposée mais il est obligatoire de le présenter de façon clarifiée c'est-à-dire avec le regroupement des cotisations par destination. Il est par défaut remis sous format électronique.

Respecter le SMIC et les minima conventionnels

Aucun salaire inférieur au salaire minimum interprofessionnel de croissance, SMIC ou au minimum conventionnel ne peut être versé à un salarié. C'est la valeur de la rémunération mensuelle brute qu'il faut comparer avec la valeur mensuelle du SMIC.

SMIC horaire au 1er janvier 2023 : 11,27 euros bruts

Rémunérer le temps de travail

Les heures travaillées au-delà de la durée légale hebdomadaire de 35 heures sont des heures supplémentaires payées avec une majoration fixée par l'accord d'entreprise, la convention collective ou bien la loi, sans pouvoir être inférieure à 10 %.

À défaut d'accord, les taux légaux s'appliquent, soit 25 % de majoration pour les 8 premières heures et 50 % de majoration pour les suivantes.

Les salariés à temps partiel peuvent effectuer des heures complémentaires dans la limite légale de 10 % de leur horaire contractuel payées avec une majoration de 10 % (sauf avenant).

Valoriser les avantages en nature en paie

L'avantage représente l'usage personnel que fait le salarié d'un bien professionnel, lui évitant ainsi une dépense. Les avantages en nature sont donc des éléments de rémunération soumis aux cotisations sociales et à l'impôt. Ils sont valorisés en paie par des montants forfaitaires ou calculés selon leur valeur réelle qui apparaissent une fois en plus dans le brut et une fois en moins après les retenues sociales.

Payer les congés payés selon le double calcul

Payer les congés payés légaux nécessite de comparer le salaire qu'aurait perçu le salarié s'il avait travaillé avec le dixième de sa rémunération de l'année de référence des congés payés afin de lui payer le montant le plus favorable. Le dixième étant souvent supérieur au maintien du salaire, le salarié perçoit plus en congés payés que lorsqu'il travaille.

Dans le cas général, l'année de référence va du 1er juin d'une année au 31 mai de l'année suivante, mais un accord collectif peut définir autrement l'année de référence.

Indemniser les arrêts de travail : maladie et autres

La loi garantit au salarié qui justifie d'1 an d'ancienneté le versement d'un complément de son salaire brut par son employeur lors d'un arrêt de travail, après 7 jours de carence en cas de maladie et sans carence lors d'un arrêt pour risque professionnel.

Elle prévoit un complément aux indemnités journalières de sécurité sociale à hauteur de 90 % de la rémunération brute habituelle pendant 30 jours puis aux deux tiers, soit 66,66 %, pendant 30 autres jours. Chaque période est augmentée en fonction de l'ancienneté. Les conventions collectives apportent de nombreuses améliorations à cette base légale.

Calculer les cotisations et contributions sociales : bases et taux

Les cotisations comme les contributions sociales se calculent en appliquant un taux patronal, salarial ou mixte, sur une base de cotisation.

La base de cotisation représente le montant sur lequel on applique les taux de cotisations, salariaux et patronaux. Son montant peut représenter la rémunération brute dans sa totalité, ou seulement une part de cette rémunération calculée en fonction du plafond de la Sécurité sociale et des tranches de cotisations, la T1 ou la T2.

Base des contributions sociales CSG/CRDS
=
[98,25 % brut] + parts patronales des régimes facultatifs

Calculer la paie de départ : le solde de tout compte

Lors du départ définitif d'un salarié de l'entreprise, il est nécessaire d'établir sa dernière paie afin de lui régler les sommes qui lui sont dues. Selon le motif du départ, fin de CDD, démission, licenciement ou départ à la retraite, des sommes spécifiques sont à payer : le solde des primes annuelles, l'indemnité compensatrice des congés payés non pris et l'indemnité de rupture qui correspond au motif de départ.

Toutes ces sommes sont soumises à cotisations sociales et à l'impôt à l'exception de celles qui ont le caractère de dédommagement [indemnité de licenciement notamment] dans certaines limites.

Déclarer et payer les charges sociales : la DSN

La déclaration sociale nominative est le support d'échange électronique qui permet de déclarer les salaires versés et les évènements de la GRH à l'ensemble des organismes sociaux.

Elle est généralement mensuelle mais peut être produite plus fréquemment : c'est le cas de la DSN événementielle.

FAIRE VIVRE UN SIRH PERFORMANT

FICHE 19

Le système d'informations des ressources humaines est un ensemble cohérent d'applications informatiques capable de traiter tous les processus de la GRH pour produire paies, déclarations, contrats de travail et tableaux de bord. Il met à disposition des professionnels des RH et des acteurs avec lesquels la DRH interagit un ensemble de données RH à tous les niveaux de l'organisation.

Un SIRH qui s'articule autour d'applications tournées vers la production de la paie et des déclarations de l'administration du personnel dénote la prédominance de pratiques administratives de la DRH. Alors qu'une conception systémique du SIRH, dans des systèmes intégrés le plus souvent, dénote des pratiques RH stratégiques en lien avec la stratégie de l'entreprise.

Identifier les gains de productivité et d'efficacité attendus du SIRH

- Gains de productivité dus à l'automatisation des processus de gestion RH qui permet toutes les productions attendues de la DRH avec moins de ressources, dans des délais raccourcis. C'est le domaine de la gestion administrative et de la paie qui affiche les gains de productivité les plus importants, gains encore optimisés avec le développement de la déclaration sociale nominative (DSN).

EXEMPLE

La gestion d'un arrêt maladie

La saisie des dates extrêmes de l'arrêt de travail avec le code identifiant le motif de l'arrêt déclenche l'envoi de l'information (via la DSN) à la Sécurité sociale pour le calcul et le versement des IJ. Cette même information alimente l'« application paie » pour le versement du complément de salaire si nécessaire et l' « application pilotage » pour le bilan social et les tableaux de bord sur l'absentéisme.

- Gains d'efficacité dus à la qualité du traitement des informations dans le SIRH qui identifie par exemple dans la liste des candidatures enregistrées sur le site de l'entreprise celles qui ont certaines caractéristiques. Il fournit en continu des indicateurs RH dont la validité des calculs n'est plus contestée et contribue à la mesure de la performance RH.

Distinguer les 3 domaines fonctionnels du SIRH

1. Un socle administratif en charge de la gestion des temps et des activités, de la paie et des déclarations sociales, des déclarations destinées à l'administration et de la gestion des contrats de travail.
2. Un volet destiné au traitement des processus de la gestion des RH, avec le volet recrutement, la formation, l'évaluation des performances, la GPEC. Jusqu'à présent ces 3 processus de la GRH étaient traités dans des applications différentes alors qu'elles sont complémentaires. Le rôle du SIRH est de les faire communiquer entre elles.

3. Un volet composé de données économiques et sociales pour réaliser le bilan social, élaborer le reporting, les statistiques RH et les tableaux de bord de pilotage RH et mettre à disposition des IRP la BDES.

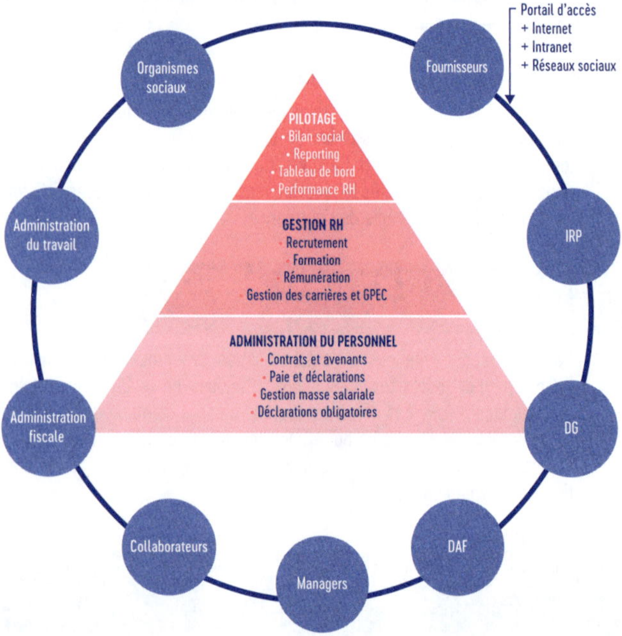

Paramétrer les données individuelles pour un SIRH performant

Pour permettre la mesure de la performance RH, le concepteur du SIRH doit prévoir certains détails au niveau des données individuelles car pour le pilotage RH, des informations précises sont indispensables.

Par exemple, lors de l'embauche d'un collaborateur, toutes les informations sur son état civil, sa formation initiale et continue sont enregistrées mais il est rare que le motif de l'embauche soit renseigné ou que le nom de la personne qu'il remplace soit identifié (sauf pour les CDD de remplacement pour lesquels c'est obligatoire). Or, une embauche pour remplacement entraîne un effet de noria, ce qu'une embauche pour une création de poste ne fait pas. De même, lors du départ d'un collaborateur, si le motif du départ est renseigné, licenciement ou démission, le déclenchement de rubriques indemnitaires l'oblige, l'information détaillée de son remplacement à l'identique ou de son non-remplacement ne figure jamais. Pourtant, prendre en compte ces éléments est indispensable pour calculer et analyser précisément le turnover général et le turnover subi.

Pour préparer le calcul des ratios de la performance RH, il est nécessaire d'identifier par un encodage particulier les postes et compétences qui relèvent du cœur de métier de l'entreprise. De nombreux indicateurs de performance y font référence.

CALCULER LE BUDGET DE LA MASSE SALARIALE

FICHE 20

La masse salariale représente l'ensemble des salaires soumis et non soumis aux cotisations sociales auquel s'ajoutent les cotisations et taxes patronales y afférant. On distingue la masse salariale sociale brute telle que déclarée auprès des organismes sociaux (via la DSN) de la masse salariale comptable incluant en plus des salaires bruts les charges patronales et les provisions.

Maîtriser l'évolution de la masse salariale

Les crises économiques et financières ont amené la DRH à se focaliser encore plus sur la maîtrise du coût des salaires, l'un des plus gros postes de coût de l'entreprise allant de 20 à 80 % du chiffre d'affaires.

La maîtrise de la masse salariale repose ainsi sur 3 points.

- Transférer les augmentations générales sur des augmentations individuelles.
- Rémunérer un exercice sans engager les suivants.
- Incorporer plus de rémunération indirecte.

Distinguer les frais de personnel de la masse salariale

Les frais de personnel représentent l'ensemble des dépenses occasionnées par la gestion des collaborateurs. Ils incluent en plus de la masse salariale chargée, les dépenses indirectes induites par le personnel telles que le recrutement, la formation, la DRH et son SIRH, etc.

Élaborer et suivre le budget annuel de la masse salariale en 5 étapes

1. Définir la masse salariale budgétaire de base pour N+1 l'année de projection

La masse salariale de base se compose de l'ensemble des éléments de rémunération récurrents de l'année en cours N, c'est-à-dire ceux prévus contractuellement pour l'ensemble des CDI pour N+1.

2. Appliquer les différentes hypothèses d'évolution budgétaire sur la masse salariale de base

Les mesures d'évolution de la masse salariale sur l'exercice de projection s'expriment par des pourcentages aussi appelés « effets ».

- **Le coût des augmentations générales et individuelles prévues sur N+1**

Les augmentations générales qui ont pour objectif de maintenir le pouvoir d'achat ne sont pas source de motivation. Les augmentations individuelles qui récompensent l'investissement personnel des salariés et leurs résultats sont perçues comme une reconnaissance de leur investissement.

Toutes deux se mesurent par un effet de masse qui représente le coût de la mesure sur l'exercice de projection exprimé en pourcentage de la masse salariale de base.

Les augmentations prévues en cours d'année N+1 affectent partiellement la masse salariale de l'année N+1 mais affectent pleinement celle de l'année N+2 : c'est l'effet de report.

- **Le passage annuel d'ancienneté : l'effet d'ancienneté**

Il représente le coût qu'entraîne la prise d'une année d'ancienneté supplémentaire sur la masse salariale. Il ne s'agit donc pas du coût de la prime d'ancienneté elle-même, mais de son augmentation.

- **Les conséquences du turnover : l'effet de noria**

Cet effet repose sur le postulat que la rémunération du salarié augmente avec son ancienneté dans l'entreprise. Ainsi, lors du départ remplacé des salariés, on réalise un « gain » de masse salariale du à la différence de salaire entre le sortant et l'entrant moins rémunéré. Il est directement corrélé au turnover qui mesure en nombre de personnes ce que l'effet de noria mesure en euros.

EXEMPLE

La masse salariale de base pour N+1 = 500 000 €. On prévoit le départ de 2 ingénieurs au salaire annuel brut de 70 000 € remplacés par 2 ingénieurs à 50 000 € au 1er juillet N+1 (milieu d'année).

$$\text{Effet de noria} = \frac{2 \times (50\,000 - 70\,000)/2}{500\,000} = -4\,\%$$

- **L'impact des créations et des suppressions de postes : l'effet d'effectif**

Il mesure le coût ou le gain de masse salariale réalisé respectivement par des créations ou des suppressions de poste prévues sur l'année de projection N+1.

- **L'impact des promotions : l'effet de structure**

Il représente l'impact sur la masse salariale des augmentations de salaire dues aux promotions prévues en année N+1.

3. Estimer les éléments variables non récurrents

Il s'agit d'inclure dans le budget de l'exercice de projection tous les éléments de rémunération non récurrents et non déjà comptabilisés dans la masse salariale de base. Parmi ces éléments, les heures supplémentaires occasionnelles, le salaire des CDD, les primes variables ou le montant des absences non rémunérées. On les quantifie à l'aide d'un historique moyen ou quand c'est possible à partir des objectifs fixés sur la période de projection.

4. Calculer les charges sociales patronales

On a l'habitude d'évaluer les cotisations et taxes patronales à un taux moyen voisin de 45 % mais celui-ci doit être revu à la baisse avec la diminution programmée des taux de cotisations patronaux d'assurance maladie et l'augmentation du taux de la réduction sur les bas salaires.

5. Suivre les réalisations par rapport au budget

Une fois le budget prévisionnel de la masse salariale arrêté, il est nécessaire d'en suivre les réalisations mensuellement en comparant par poste budgétaire les réalisations avec les prévisions.